AF259714

DISCOURS

PRONONCÉ PAR

M. XAVIER DE MAGALLON

le 30 Novembre 1891

AIX
ACHILLE MAKAIRE, IMPRIMEUR LIBRAIRE
2, rue Thiers, 2.
—
1894

L 57 b
10649.

DISCOURS

PRONONCÉ PAR

M. XAVIER DE MAGALLON

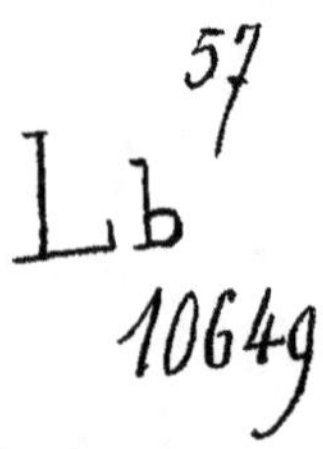
Lb 57 10649

DISCOURS

BIBLIOTHÈQUE NATIONALE
R.F.
IMPRIMÉS

PRONONCÉ PAR

M. XAVIER DE MAGALLON

le 30 Novembre 1891

AIX

ACHILLE MAKAIRE, IMPRIMEUR LIBRAIRE

2, rue Thiers, 2.

—

1894

Monseigneur,

L'on a voulu que je prisse à mon tour la parole
devant vous. Je n'eusse pas cru qu'il m'appartînt
de le faire. Mais peut-être est-ce mon titre de
n'en n'avoir aucun.

Si je vous salue, c'est au nom des simples pa-
triotes à qui vous avez, dans une heure doulou-
reuse, dilaté le cœur, relevé le front. C'est au nom
des simples citoyens à qui vous avez rendu la
fierté dans le présent, l'espoir dans l'avenir.

C'est au nom des jeunes hommes surtout, venus
en même temps que moi à la lumière du soleil de
France, qui, de leur vie, n'oublieront leurs récen-
tes angoisses de Français. Que l'on ne s'étonne
pas s'ils couvrent la terre maternelle d'un amour

-jaloux. Quand nous commençâmes à voir, nous la vîmes en larmes. Si notre patriotisme est ombrageux, c'est qu'il naquit blessé. Nous sommes les fils du déchirement et du désastre. Nous n'avons renoncé ni à guérir l'un, ni à venger l'autre. Jamais nous ne pardonnerons que l'on ait pris pour abaisser la fierté des trois couleurs le moment où, acclamées des puissances amies, saluées des autres, elles venaient de flotter, triomphales, de la Méditerranée à la Baltique.

C'est au lendemain pourtant de ces victoires morales, remportées par l'union de tous, que la honte inexprimable est venue.

A l'heure où l'escadre déployait sur les côtes de Provence ses forces entières ; à l'heure où le sol de la Champagne sonnait avec orgueil des pas assurés de cent mille hommes ; à l'heure où vingt mille autres tenaient la frontière italienne, sur laquelle moi-même alors je me trouvais, non en pèlerin, mais en soldat ; à l'heure aussi, hélas ! où une ville que l'étranger dit sienne, mais qui est nôtre et que nous saurons garder, voyait se dresser la statue insultante dont le bras tourné vers Turin est un appel permanent à l'oubli des serments et à la trahison ; à l'heure de ces fêtes dans lesquelles un ministre de France parla, et dans lesquelles un écrivain révolutionnaire a pu dire qu'il n'avait retenti qu'une voix française, celle du canon français ; alors, c'est alors que se passèrent ces choses cent fois dites que jamais l'on ne saura redire trop : sans l'ombre d'une raison valable, pendant cinq jours le drapeau tricolore traîné, d'un bout à l'autre de la Péninsule, dans les ruisseaux italiens ; pendant cinq jours, toute la canaille transalpine ruée aux trousses des citoyens français ; pendant cinq jours, l'Italie maçonnique entière jetant aux fils de ceux qui tombèrent pour elle à Magenta et à Solférino le cri effroyable de « Vive Sedan ! ».

Et c'est alors que le gouvernement français dit son mot. Naïveté dont il faut convenir, nous attendions de lui avec confiance celui qu'il devait dire. Un mot menaçant, provoquant, dangereux ? Allons donc ! Nul n'y pensait. Certes, il n'en n'était guère besoin. Le mot qu'à sa place tout autre eût dit, qui rappelât simplement au gouvernement italien son devoir de protection vis-à-vis de nos nationaux, avec l'expression de la conviction qu'il le saurait remplir. Et ils eussent été protégés ; avec eux, la dignité de la Patrie !

L'Europe aussi attendait. Ce gouvernement parla. Elle l'entendit qui chargeait son ambassadeur de porter à l'Italie... ses remercîments.

Ah ! quel éclat de rire de mépris, de Palerme à Turin et de Naples à Venise ! Quelle pitié dans le monde ! Et, chez nous, quel supplice et quelle fureur de l'homme garrotté, bâillonné, qui verrait insulter sa mère et ses propres frères, libres, approuver l'insulteur ! Certes, nous avons contre ces hommes plus d'un grief. Ah ! mais ! c'est en plein cœur, cette fois, qu'ils nous ont souffletés !

Que faire pourtant ? Car la voix de simples citoyens ne peut passer par-dessus les frontières. Inévitablement l'étranger confondrait l'attitude du gouvernement sous l'outrage avec celle de la nation. Il ne sait pas quel abîme existe entre elle et lui. Il ne sait pas que si les produits de certaines sectes et les chefs de certaines bandes restent accrochés aux flancs de la France et de la République, ce n'est que comme la fièvre au malade. Il ne sait pas qu'il est inéluctable que la marée montante des générations nouvelles les emporte à la fin, non plus, comme d'autres, dans une révolution seulement de la justice ou même du mépris, mais dans une tempête de colère, dans une raffale d'indignation !

Mais, à votre tour, Monseigneur, vous avez parlé. Et c'est pour la parole qu'alors vous avez dite que nous vous apportons l'expression passionnée de notre reconnaissance infinie. Vous avez parlé. L'angoisse s'est dissipée, le cauchemar a disparu. Les peuples ont su que, sous les ministres quels qu'ils fussent qui passent, la grande France reste fière et debout. Nous avons respiré à pleine poitrine. Il nous a semblé que le drapeau tricolore, un instant abattu, flottait de nouveau librement dans les cieux. Vous aviez, avec une parole sauvé du naufrage l'honneur national !

Vous nous avez vengés à l'extérieur, vous nous avez enseignés pour l'intérieur.

L'on a prétendu, dans un but facile à voir, que vous attaquiez la République. Non ! car vous avez déclaré que vous ne lui étiez pas hostile et que l'Eglise, indifférente entre les formes gouvernementales, n'est l'adversaire que des gouvernements anti-chrétiens. Non ! car vous eussiez parlé de même, vous l'avez dit encore, et qui en pourrait douter ? à Roi ou Empereur. Non ! car la

République n'est après tout qu'une idée vieille
comme la terre, qui, n'étant à personne, est à
tout le monde, qui appartient à tous ceux qui veulent s'en emparer et le peuvent, et qui ne vaut
que ce que valent les réalisations que l'on en fait.
C'est une forme qui ne vaut que par le fond
qu'elle recouvre. C'est un contenant qui ne vaut
que par le contenu. C'est un moyen qui ne vaut
que par le but. C'est un pur et simple instrument,
bon en de bonnes mains, mauvais entre des mains
mauvaises.

Ceux qui ont été attaqués, vaincus dans cet
événement, ce sont les exploiteurs de l'idée répu-
blicaine et de toutes les idées facilement populai-
res. Ce sont ceux qui ne donnent de ce qu'ils
vantent que l'apparence et non la réalité. Ce sont
ceux qui couvrent les murs de devises qu'en pra-
tique ils foulent aux pieds. Longtemps ils ont sé-
duit le Peuple parce qu'ils le flattent. S'il leur
échappe, c'est qu'il voit qu'ils ne veulent que s'en
servir et non le servir. Cherchez ce qu'ils ont fait
pour lui. Je défie que l'on trouve quoi que ce soit.
Et quand enfin, lassé, il se lève pour réclamer
l'exécution des promesses faites, alors ils lui don-

nent la courte réponse que les tyrans savaient
aussi : ils le font fusiller !

S'imaginent-ils, parce qu'un moment nous nous
taisons, préparant et interrogeant l'avenir, nous
voir accepter la grande duperie des temps présents ?
Jamais ! Tant qu'il y aura du souffle en nos poi-
trines et du sang dans nos veines, jamais nous ne
déserterons la bonne lutte pour la France, pour le
Peuple, pour la Justice et pour la Liberté ! Si nos
devanciers n'ont pas réussi, ils nous laissent, avec
la leçon de leurs fautes, l'exemple de leurs vertus.
Nés en pleine démocratie, nous en avons le goût,
nous en savons les mœurs. Ce n'est pas dans les
salons, dans les couloirs et dans les antichambres,
c'est devant les assemblées du Peuple, vibrantes
et larges, que nous savons qu'il faut qu'on porte
la bataille de la Vérité ! Lui, du moins, est sin-
cère. Défendue à armes égales devant lui, nous
lui faisons l'honneur de croire, nous avons l'ar-
dente confiance qu'elle y vaincra.

Il vous reviendra , Monseigneur , l'honneur
d'avoir hâté cette victoire, si elle doit être. Avec
d'autres pensées sans doute, vous aurez précipité
l'avènement de la politique nouvelle et inévitable

qui militera non plus autour d'un homme ni d'un mot, mais autour d'idées arrêtées, d'intérêts précisés, de principes définis. Il manque, à cette heure, deux choses : une organisation et un programme. Peu à peu, la première se formera, le second se dégagera. Je crois que, grâce aux derniers évènements, grâce à vous, Monseigneur, nous les aurons plus tôt. Sans le poursuivre peut-être, vous nous aurez fait faire, vers notre double but, un immense pas.

Que d'autres louent en vous le prélat courageux, digne descendant des grands évêques dont le rôle à travers notre histoire fut si beau, qui apparaissent, dans la lumière d'aurore de ses origines, également magnifiques, pour la défense du Peuple, contre les barbares du dehors et contre les despotes du dedans.

Je ne veux voir en vous que celui qui, dans une circonstance solennelle, a relevé avec fermeté, avec hauteur, avec grandeur, d'une main le drapeau tricolore, de l'autre le drapeau de la liberté !

Avec toute mon âme, je salue en vous un patriote, un citoyen.

www.ingramcontent.com/pod-product-compliance
Lightning Source LLC
Chambersburg PA
CBHW061558050726
47595CB00009B/3877